ことばと ともだちに なる
しりとりきょうしつ

小学館

ぼうぎょへん

こうげきへん

STAFF
企画・編集協力　長野伸江
デザイン　高橋久美
イラスト　よねぼー（米津英男）
編集　徳田貞幸

本書は、子どもたちだけでなく、子どもたちを見守る大人の皆さんにもいっしょに、本気で「しりとり道」をきわめていただくためのものです。
対象を未就学児～小学生低学年という幅をもたせているので、年齢に応じた「いいとこどり」方式でお使いください。

なぜしりとり?

なにより語彙《ごい》力アップにしりとりは最適！　しかしそれだけではありません。

ことばの決まりを客観的にとらえ、気づき、イジって遊べる力。

これはメタ言語能力といい、言語の発達や、その後おとずれる文学や外国語との出会いにおいて、強い味方となります。

しりとりはそれをつちかうのにもとても適した遊びなのです。


そもそもしりとりという遊び自体がこの力のあらわれです。


単語を、日本語の基本単位（音・文字）に分解し、最後の一単位を取り出し、それを始まりとする別の語を頭の中の辞書で、すばやく検索する。

これって相当高度な操作です。

日本語の特徴への気づき

「なぜ『ん』で終われないの?」（P40）…こんな問いが出てきたら、

「きっとこうじゃないかな」「もし『ん』で終わってもよかったらどうなる?」

というように、あれこれ話し合うことはとても大切です。

ルールが微妙なときは？

「おちゃ」の次は？　「や」？　「ちゃ」？
「さっかー」の次は「ー」？　「まご」のあとは「ご」でも「こ」でもいい？（P36）
日本語の音のなりたちの特徴や、音と表記の関係の不思議など、
言語の本質にふれる機会に、しりとりは満ちています。

とくに難しいのは？

お子さんはやがて気づくでしょう。
「る」や「れ」など、特に続けにくい音があるよねって。
その気づきと、なぜなのかという問いの先には、やまとことばと
外来語の違いや歴史などに関わる、言葉の知識の海が控えています。（P14）

とにかくしりとりに強くなる！

楽しく修行できるように「ぼうぎょへん」「こうげきへん」にわけて、
さまざまな「さくせん」をまとめました。
修行の成果でしりとりに強くなるころには
大人も子どももいっしょにことばの秘密にぐっと近づいているはず。
この先いろいろな言葉となかよくなれる準備も、進んでいることでしょう。
さあ、子どもたちも、大人たちも、しりとり真剣勝負の始まりだ！

広瀬友紀（東京大学　総合文化研究科教授）

しりとりの あそびかた

さいごの おとを つなげるよ

よっと

とうふ

ふえ

えき

まず はじめの ひとが なにか
ものの なまえを いってね。
つぎの ひとは その ことばの
さいごの おとや もじから
はじまる ことばを さがそう。
はじめに「ねこ」と いったら、
つぎは「こども」と いうふうに。

なにも おもいつかなかったら、
まけ。だから、ことばを
たくさん しっている ひとが

しりとりは　つよいんだ。

そして　だいじな　きまりが　ある。
「ん」でおわる　ことばを　いったら
まけなんだ。だから、「みかん」や
「うどん」は　つかえない。

どうかな。かんたんでしょう？

でもほんとうは　もうすこしだけ
むずかしくて　おもしろい。

さいごの「おと」と
さいごの「もじ」が
ちがう　ときが　あるから。

まず、ちいさい「ゃ」「ゅ」「ょ」で
おわるとき。「さいごの　もじで
きめる」と　おもうなら
「でんしゃ」の　つぎは「や」だよね。
「やま」みたいに。

だけど、くちで　いったら
「しゃ」って　ひとかたまりの

おとだ、と　おもうなら
「でんしゃ」の　つぎは　「しゃ」でも
いいよね。「しゃつ」とか。

「さっかー」みたいに、
のばすおとも　むずかしい。
「ー」から　はじまる　ことばは
ないもんね。くちで　いえば
「かー」と「かあ」は　おなじだから
「ー」の　かわりに「あ」で　いい？
それとも「ー」のまえの「か」を

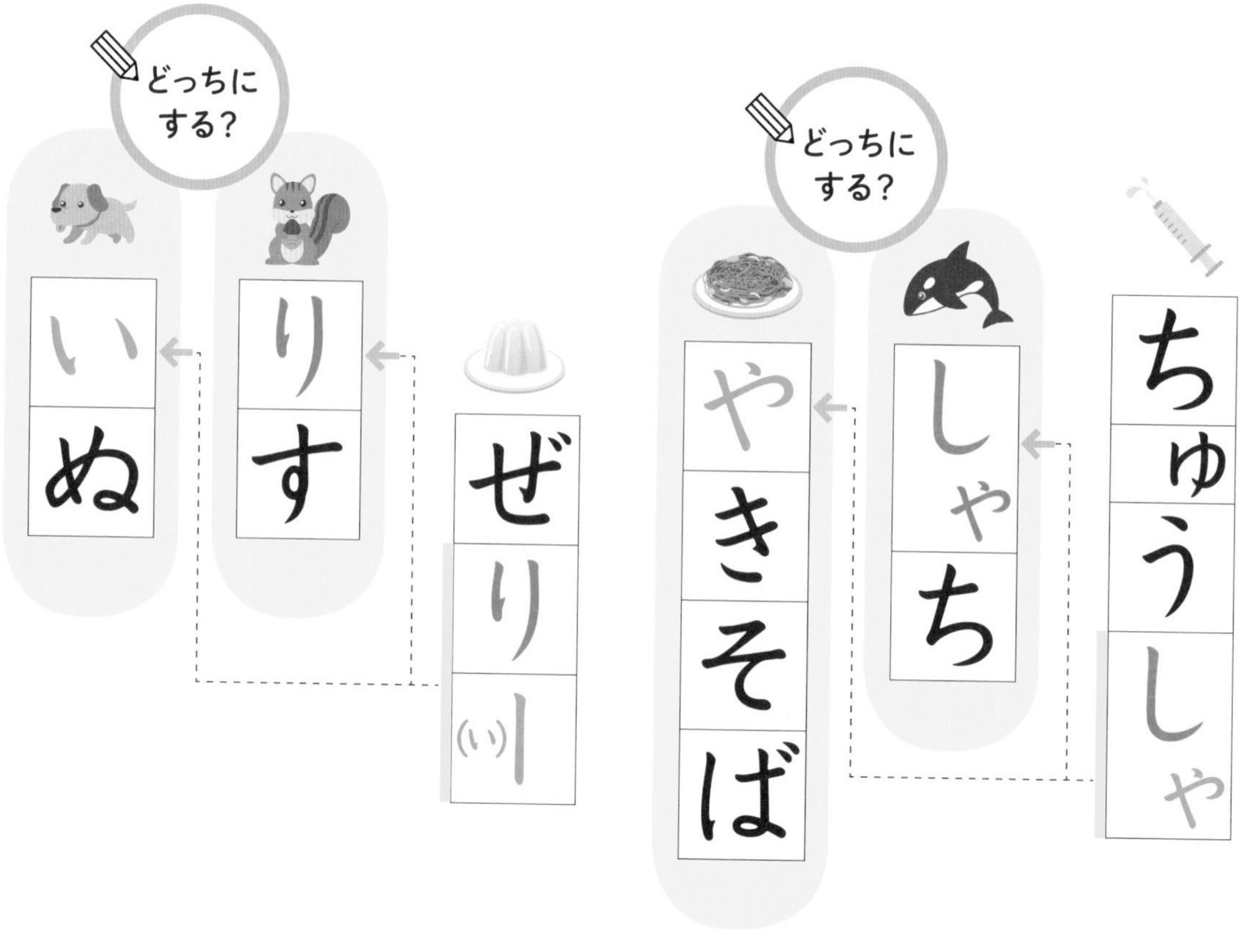

つかうか、どっちが　いいだろう。
「たまご」みたいに、さいごに
てんてんが　ついてるときは、
「こ」で　はじめても
いいことにする　ひとと、
「ご」じゃないと　だめ　という
ひとが　けんかするかもね。
このほんでは　どっちでも
いいことに　するけど、

もしも　ともだちと
けんかに　なったら、
ちゃんと　そうだんして
どのやりかたに　するか　きめよう。
それも　しりとりの
だいじな　しゅぎょうだ。
ほかにも　このほんの　いろんな
しゅぎょうで　しりとりに
つよく　なろう。
がんばってくれたまえ！

ひらがなと ともだちに なろう

このほんでは ひらがなが いっぱい でてくるよ。
ばんごうの じゅんに せんを なぞって ひらがなを かいてみよう。

あひる
あ

いぬ
い

うどん
う

えり
え

おんぷ
お

かえる
か

きつね
き

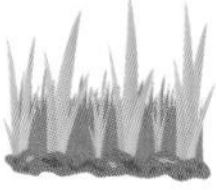
くさ
く

けーき
け

こあら
こ

さそり
さ

しか
し

すいか
す

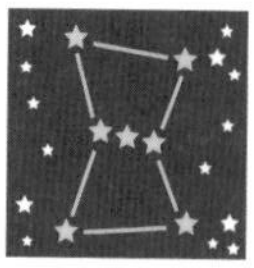
せいざ
せ

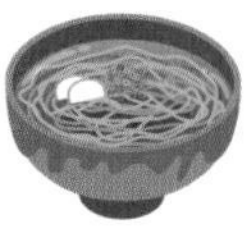
そば
そ

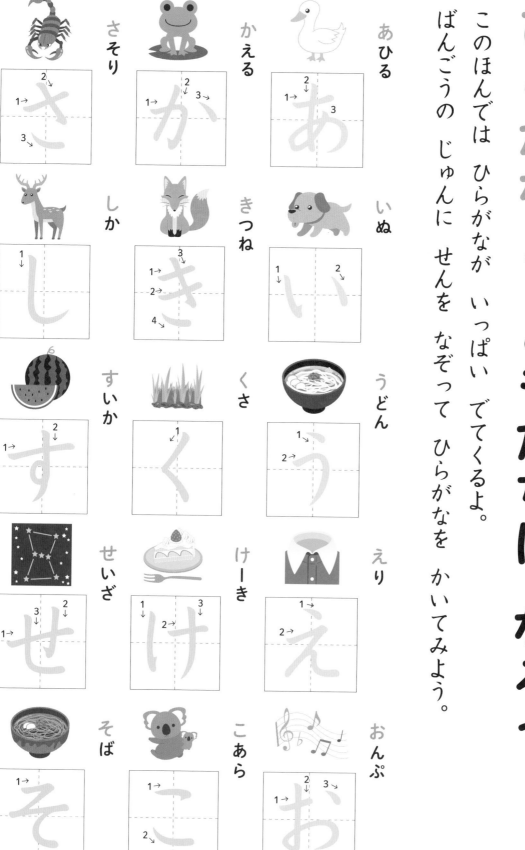

たび

た

なべ

な

はさみ

は

まくら

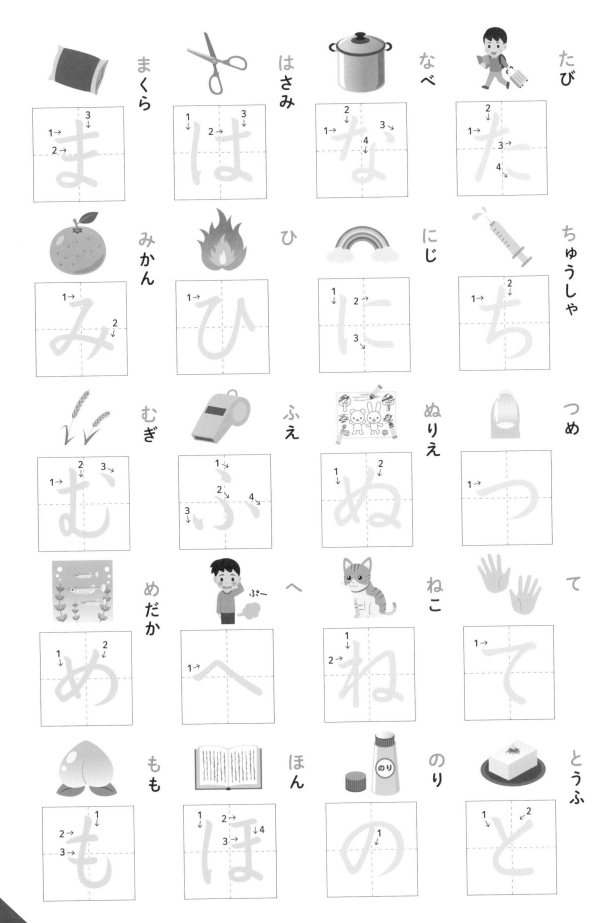

ま

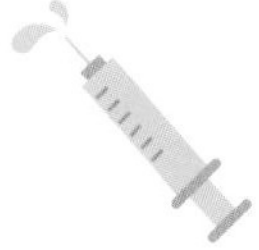
ちゅうしゃ

ち

にじ

に

ひ

ひ

みかん

み

つめ

つ

ぬりえ

ぬ

ふえ

ふ

むぎ

む

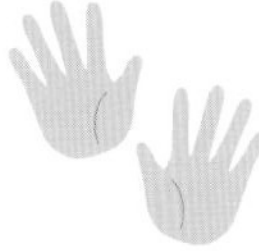
て

て

ねこ

ね

へ

へ

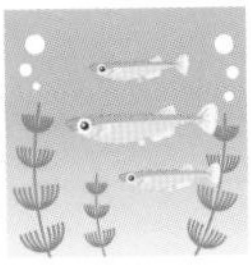
めだか

め

とうふ

と

のり

の

ほん

ほ

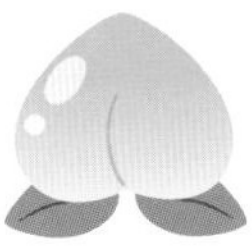
もも

も

やきそば

や

ゆ

ゆ

よっと

よ

らっぱ

ら

りゅうぐうじょう

り

るーれっと

る

れもん

れ

ろうそく

ろ

わら

わ

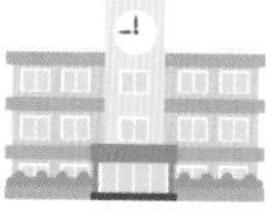

がっこうをやすむ

を

りんご

ん

もじに てんてんや まるを つける ことが ある。 つけると どんな おとに なるかな？

がっき

が

ぎょうざ

ぎ

ぐみ

ぐ

げんこつ

げ

ごま

ご

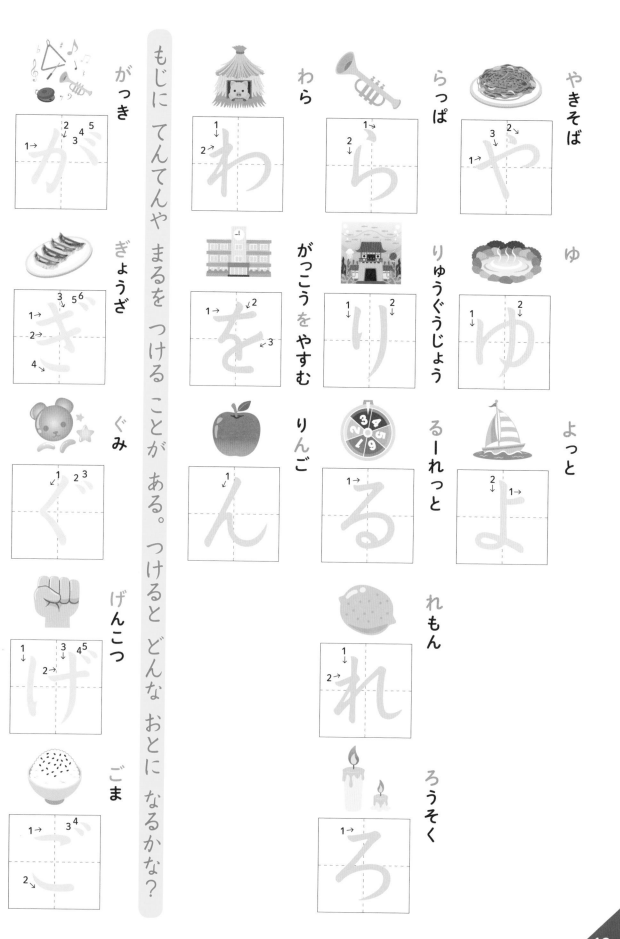

ざりがに

ざ

だいどころ

だ

ばす

ば

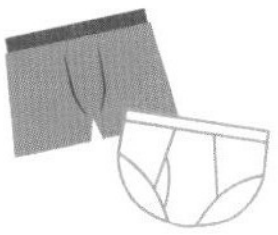

ぱんつ

ぱ

じてんしゃ

じ

はなぢ

ぢ

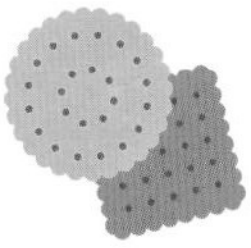

びすけっと

び

ぴあの

ぴ

ずこう

ず

よこづな

づ

ぶた

ぶ

ぷちとまと

ぷ

ぜりー

ぜ

ゆでたまご

で

べんとう

べ

ぺんき

ぺ

ぞう

ぞ

しょくどう

ど

ぼーと

ぼ

ぽすと

ぽ

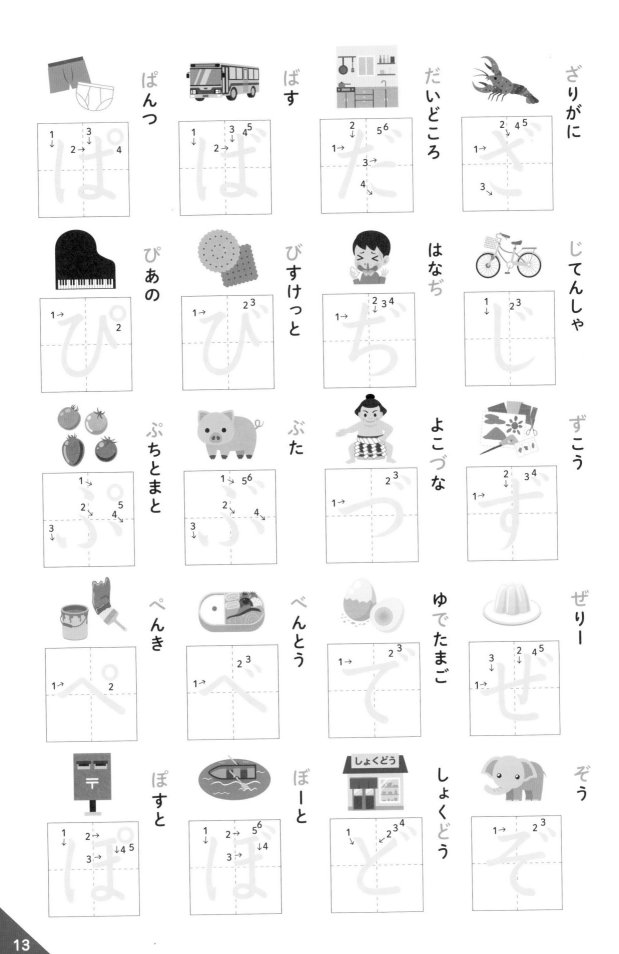

＼ぼうぎょへん／

らりるれろ に つよくなる

らりるれろで はじまる ことばは すくないよ。おぼえて おこう。

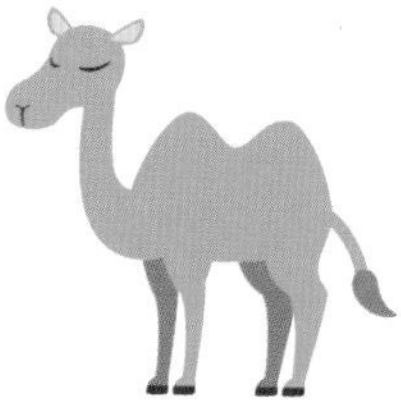

らくだ

せなかに こぶの ある どうぶつ。

らじお

おと だけの ほうそう。

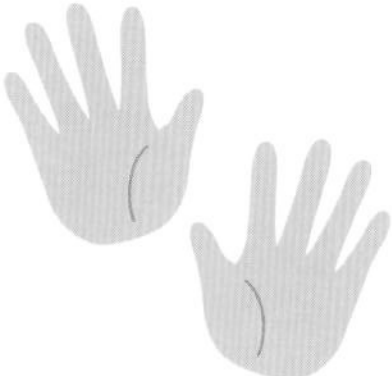

りょうて

みぎてと ひだりて。

りんご

きに なる くだもの。いろは、あか、き、みどり。

ラ行で始まる単語は、もともと日本語にないもので、数も多くありません。そんなことないよ、「らくだ」「りす」「りく」とか…って思うかもしれませんが、これらも実は漢語由来の語で、漢字の音読みなのです。だから「ラ行を制するものがしりとりを制す」と言って過言ではありません。

らっこ

さむい うみの どうぶつ。
せなかを したに して うかぶ。

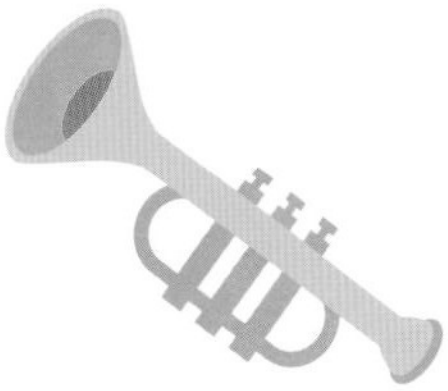

らっぱ

ふいて ならす がっき。
さきが ひろい。

りく

うみや かわより
うえに ある ところ。

りす

ふさふさの しっぽを もつ、
ちいさな どうぶつ。

3
4
5
6
1
2

るーれっと

かずを かいた まるい ばん。
まわして かずを きめる。

るす

いえに いない こと。

ただいま
るすに
しております。

るすばんでんわ

るすの ときに じどうで
こたえる でんわ。

るびー

あかい ほうせき。

れい

ひとを うやまう さほう。

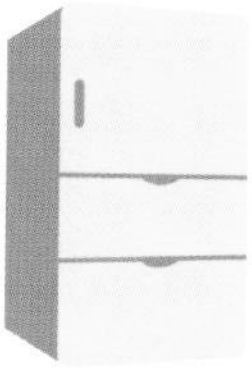

れいぞうこ

たべものや のみものを ひやして
しまっておく ところ。

れたす

きみどりの やさい。
はっぱを さらだに つかう。

れんらくちょう

つたえたい ことを
かく のーと。

ろうか

たてものの なかの みち。
へやと へやを つなぐ。

ろうそく

ろうを かためた もの。
あかりに する。

ろば

うまに にた どうぶつ。
みみが ながい。

ろぼっと

にんげんの かわりを
する きかい。

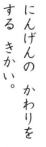

つなごう
らりるれろ

しりとりに
なるように、
えを
せんで
つなごう。

＼ぼうぎょへん／

いくぞ らりるれろ

らりるれろを
つかって
しりとりを
しよう。
ひらがなを
かいてみよう。

しりとり

ことばの おとを
つなげる あそび。

り
ん
ご

ぱいなっぷる

かたちが まつぼっくりに
にている くだもの。なかは きいろ。

る
す
ば
ん

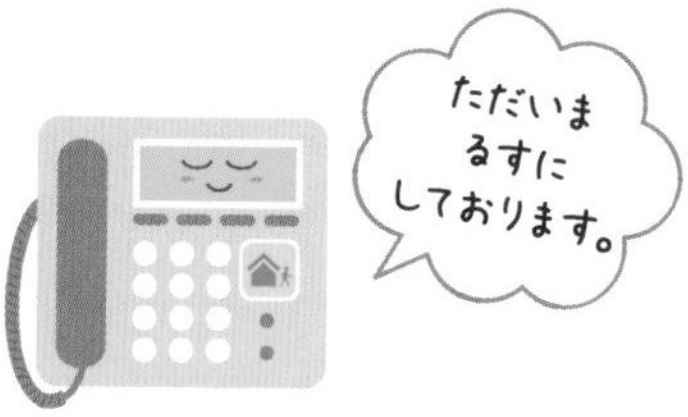

で
ん
わ

わら

いねや むぎの くきを ほした もの。

ら
く
だ

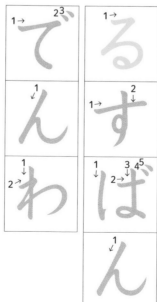

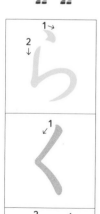

ごりら

おおがたの さる。にんげんに ちかい。

ら
っ
こ

こあら

くまに にた どうぶつ。めすは おなかの ふくろで こどもを そだてる。

ら
っ
ぱ

だいどころ

りょうりを する ところ。

ろ
ぼ
っ
と

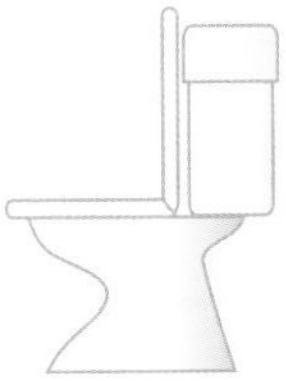

といれ

おしっこや うんこを する ところ。べんじょ。

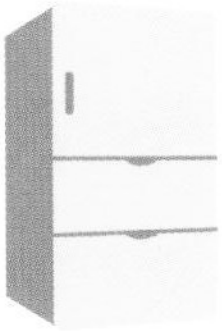

れ
い
ぞ
う
こ

＼ぼうぎょへん／

ぱぴぷぺぽ に つよくなる

ふつうは
ひらがなで
かかないね。
なんでだろう。

ぱんだ

しろと くろの くま。
ささを たべる。

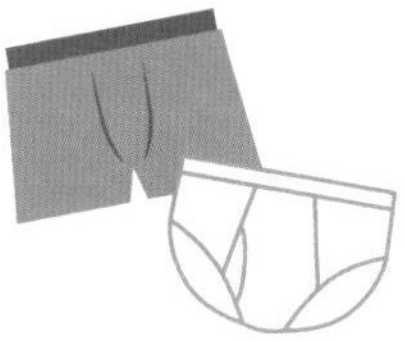

ぱんつ

おなかと おしりを
おおう したぎ。

ぷらすちっく

せきゆから つくる、
いろんな かたちに なる もの。

ぺんき

かべや やねに ぬる
えのぐのような もの。

パ行の音は日本語っぽくないみたい。実は昔の日本語にはパ行音があったのですが、ハ行音に変化したのです。擬態語をみてみると「ひよこ」—「ぴよぴよ」、「ひかり」—「ぴかり」って対応がありますよね。今ではパ行は外来語がほとんどだから、カタカナで書くことが多いですね。

ぴあの

しろと　くろの　けんばんを
おして　ならす　がっき。

ぴえろ

おもしろい　みぶりで
わらわせる　ひと。

ぷーる

およぐ　ために
みずを　ためる　ところ。

ぷちとまと

ちいさい　とまと。

ぺっとぼとる

ぷらすちっくの　なかまの　われにくい
ざいりょうで　できている、
のみものを　いれる　いれもの。

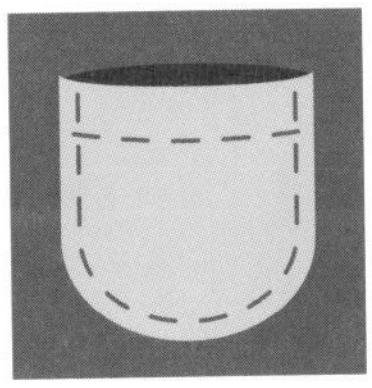

ぽけっと

ようふくに
ぬいつけられた　ものいれ。

ぽすたー

かべや　へいに　はる、
せんでんの　かみ。

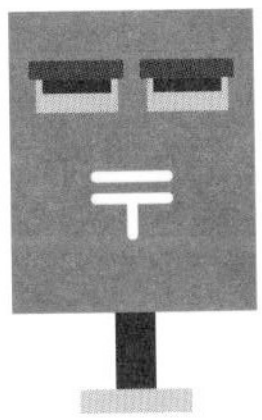

ぽすと

だれかに　おくりたい
てがみや　はがきを　いれる　もの。

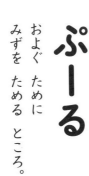

＼ぼうぎょへん／
いくぞ ぱぴぷぺぽ

ぱぴぷぺぽを
つかって
しりとりを
しよう。
ひらがなを
かいて みよう。

ほっぺ

かおの、くちと めと
みみの あいだ。ほほ。

ぺ
ん
き

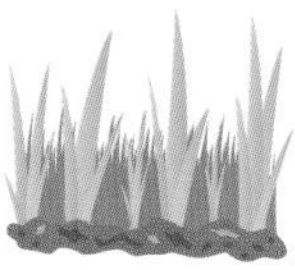

くさ

じめんに ねっこを はって いきている。
やわらかい くきや はっぱが ある。

さんぽ

たのしみの ために、
ぶらぶら あるく こと。

ぽ
す
と

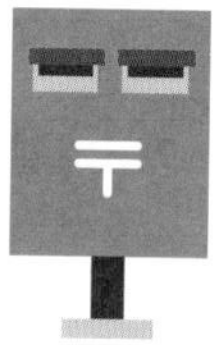

とさか

おすの にわとりの あたまに
たっている もの。

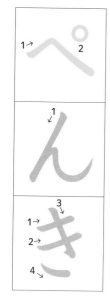

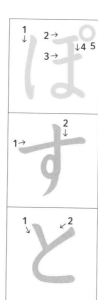

きっぷ

のりものの おかねを はらった
ひとに わたされる かみ。

ぷち

とまと

とらんぷ

すうじと きごうを かいた かみの あそび。

ぷらす

ちっく

かっぱ

ひとが かんがえだした どうぶつ。
あたまに さらが ある。

ぱんだ

だっぴ

へびや むしが ふるい かわを
ぬぎすてる こと。

ぴえろ

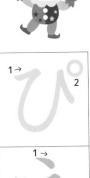

ぼうぎょへん
てんてんの ことば ①
がぎぐげご
に つよくなる

てんてんが
つくと
どうなるのかな。
からすが がらすに
なっちゃうよ。

テンテンがつく音を濁音といい、つかない方（清音）と対応します。擬音語だと「かりっ - がりっ」「とんとん - どんどん」のように濁音の方が重い感じがしますね。字の覚え始めにテンテンに興味を示すお子さんが多いようなのでたくさんとりあげました。言葉への気づきのあとおしになればいいですね。

がくふ

きょくを きごうや
おんぷで かいた かみ。

がらす

ひかりを とおす かたい もの。
おとすと われる。

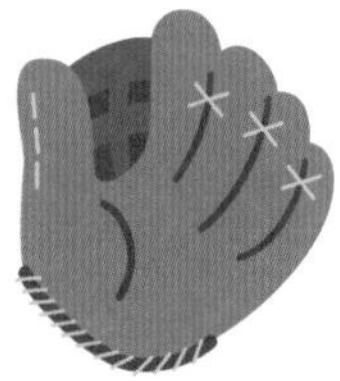

ぐろーぶ

やきゅうの ぼーるを
うけとめる どうぐ。

ぐんて

ちからしごとの ための
てぶくろ。

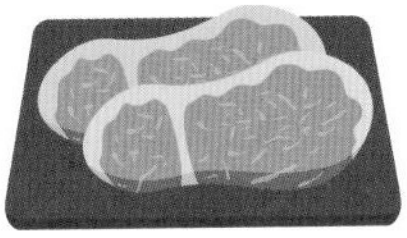

ぎゅうにく

うしの　にく。

ぎょうざ

こむぎこで　つくる　かわに、やさいや
ひきにくを　つつんだ　たべもの。

ぎんこう

おかねを　かしたり、
あずかったり　する　ところ。

ぐらうんど

うんどうを　する、
たいらな　じめん。

げーむ

かちまけを　あらそう　あそびや
そのための　どうぐ。

げき

しばい。ものがたりを
えんじる　こと。

ごま

ちいさい　つぶの　たべもの。
あぶらが　とれる。

ごみ

いらなくなった　もの。
すてられた　もの。

＼ぼうぎょへん／

いくぞ がぎぐげご

がぎぐげごを
つかって
しりとりを
しよう。
ひらがなを
かいてみよう。

まいご

みちに まよった こども。

ご
み

くぎ

きと きを つなげる きんぞくの ぼう。
かなづちで うつ。

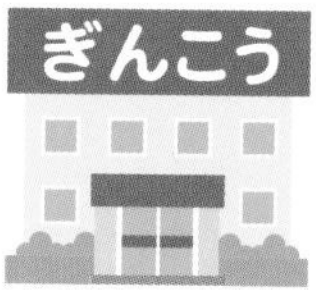

ぎ
ん
こ
う

うんが

にんげんが ほって つくる かわ。

が
く
ふ

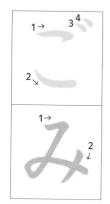

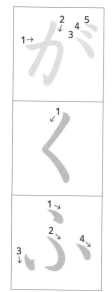

みやげ

ひとに あげる、まちの めいぶつ。

げーむ

むぎ

いねの なかまの しょくぶつ。たねから ぱんや めんを つくる。

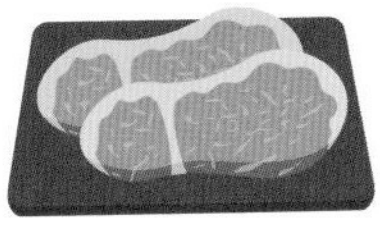

ぎゅうにく

ふぐ

どくが あり、からだが ふくらむ さかな。

ぐんて

てんぐ

かおが あかく、はなの たかい かいぶつ。そらを とべる。

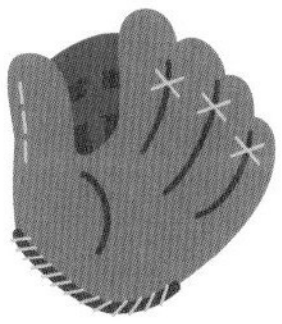

ぐろーぶ

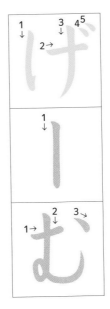

＼ぼうぎょへん てんてんの ことば ②／

ざじずぜぞ に つよくなる

てんてん
ほかにも
つけてみよう。
さるが　ざるに
なったね。

ざっし

いろいろな　ことが
のっている　ほん。

ざりがに

いけや　かわに　すむ、
えびの　なかま。

ずつう

あたまが　いたむ　こと。

ぜにがめ

みどりいろの
ちいさな　かめ。

おうちの
かたへ

大昔の日本語に濁音で始まる語はなかったので、昔の人がしりとりをしたならテンテン言葉には苦労したかも。本書ではダ行は割愛しましたが「じ」と「ぢ」って同じ音?「ず」と「づ」は?（「し」と「ち」、「す」と「つ」は違う音なのに!）なども日本語の不思議ポイントです。

じてんしゃ

ふたつの わを あしで
こいで すすむ のりもの。

じどうどあ

ひとが たつと
かってに ひらく どあ。

じんじゃ

かみさまの いる ところ。

ずこう

しょうがっこうの えや
こうさくを する じかん。

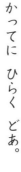

ぜりー

すきとおっていて、
ぷるぷるする たべもの。

ぞう

からだの おおきな どうぶつ。
はなが ながい。

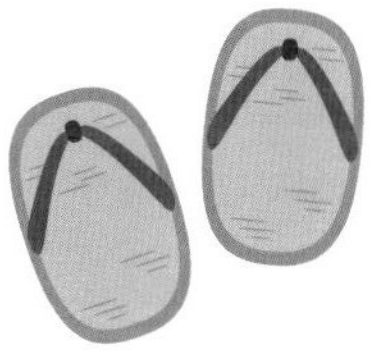

ぞうり

きものを きるときに はく
はきもの。そこは たいら。

ぞろめ

ふたつの さいころの めが
おなじ こと。

＼ぼうぎょへん／

いくぞ
ざじずぜぞ

ざじずぜぞの
ことばを つかって
しりとりを
しよう。
ひらがなを
かいてみよう。

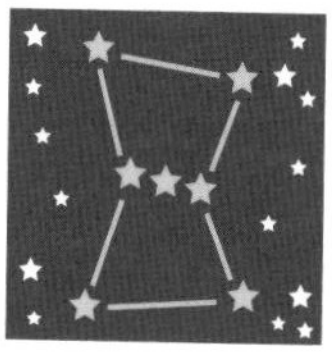

せいざ

ほしを つないで
つくる かたち。

ざ
り
が
に

あいず

しらせる ために きめておく、
みぶりや ことば。

ず
こ
う

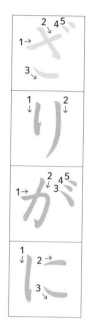

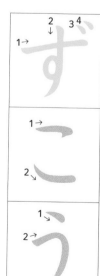

うすがみ

うすい かみ。

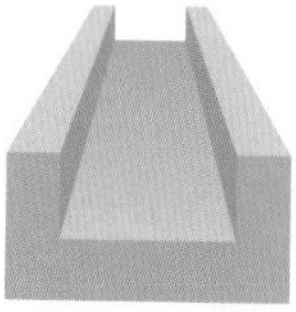

みぞ

ほそながく くぼんだ ところ。

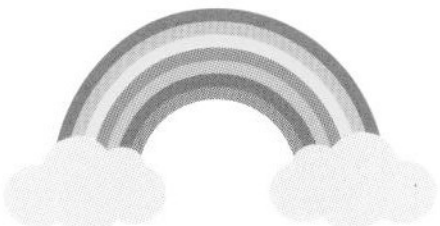

にじ

そらに できる なないろの ひかりの はし。
あめあがりに できやすい。

じてんしゃ

しゃもじ

ごはんを よそう どうぐ。

じどう

どあ

ぞう

うみかぜ

うみから ふく かぜ。

ぜにがめ

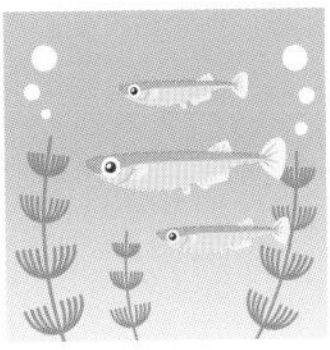

めだか

かわや いけに すむ
ちいさな さかな

ぼうぎょへん
＼てんてんの ことば 3／

ばびぶべぼ に つよくなる

てんてんを とると
どうなるかな。
ぶたが ふたに
なっちゃった！

バ行の「濁音 - 清音」の関係は複雑。バ行からテンテンをとるとわかります。「ばりっ」に対応するのは「はりっ」でなく「ぱりっ」ですよね。大人はこの「ずれ」に気づかなくても、字を覚える前の子どもの方が「ば」「ぱ」（と「は」）の関係をより論理的にとらえていることも。

ばいく

がそりんで はしらせる、
しゃりんが ふたつの のりもの。

ばけつ

みずを はこぶのに つかう、
くちの ひろい いれもの。

ぶどう

まるい みが つらなって なる、
あきの くだもの。

ぶろっく

かさねたり、つなげたり して
あそぶ おもちゃ。

ばす

たくさんの　ひとが
のれる　じどうしゃ。

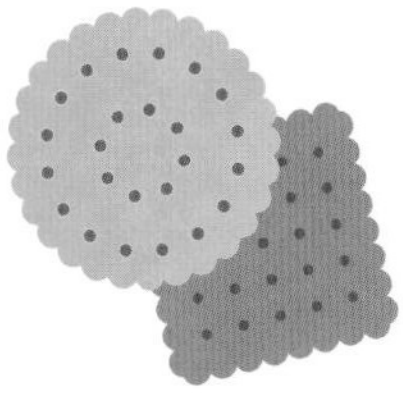

びすけっと

くっきーよりも　うすく、
ひらたい　やきがし。

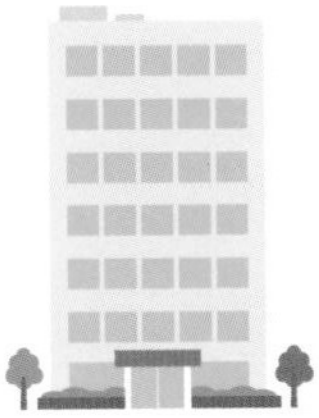

びる

おおきな　こんくりーとづくりの
たてもの。

ぶた

はなが　ひらたく、
ぶうぶう　なく　どうぶつ。

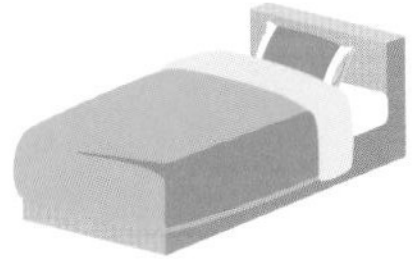

べっど

ねる　ための　かぐ。
しんだい。

べんとう

もちはこびできる
ごはんと　おかず。

ぼーと

いけや　うみに　うかべ、
てで　こぐ　のりもの。

ぼうし

にっこうを　さえぎる　ため、
あたまに　のせる　もの。

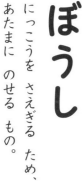

＼ぼうぎょへん／

いくぞ ばびぶべぼ

ばびぶべぼを
つかって
しりとりを
しよう。
ひらがなを
かいてみよう

なべ

やさいや にくを にる どうぐ。

べんとう

すこんぶ

すで あじを つけた こんぶ。

ぶた

たび

とおい ばしょを たずねてゆく こと。

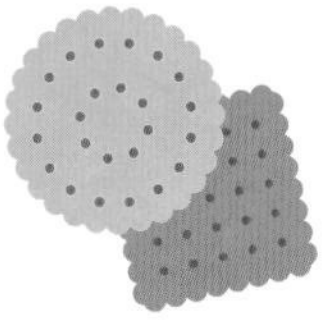

びすけっと

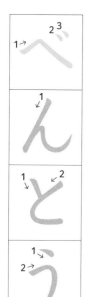

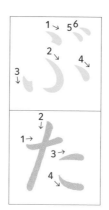

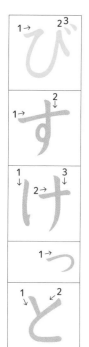

うりば

ものを うる ばしょ。

ばけつ

つば

ぼうしの ひよけの ところ。

ばす

とんぼ

めが おおきく、 からだの ほそい こんちゅう。

ぼーと

とんび

そらたかく、 わを かいて とぶ とり。 たかの なかま。

びる

＼ぼうぎょへん／

しゃしゅしょ に つよくなる

おおきい やゆよと
ちいさい ゃゅょは
どう ちがうのかな。

おうちのかたへ

小さい「ゃ」「ゅ」「ょ」を使う「ねじれ音」は文字では二文字でも音としては一つ。昔、漢語由来の語を取り入れた際、もとの日本語になかった音を表す工夫だったので音読みの語ばかりです。「しゃしゅしょ」以外のねじれ音で終わる語は少ないのでここでは「しゃしゅしょ」だけあつかいます。

しゃしんたて

しゃしんを たなや だいに
かざる ための どうぐ。

しゃち

いるかの なかまで、
しろと くろの いろの いきもの。

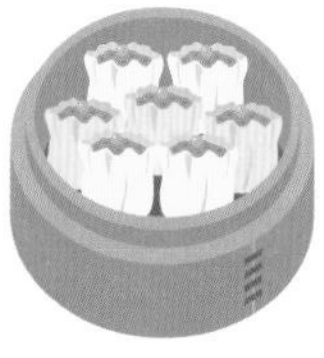

しゅうまい

にくや やさいを こむぎこで つくった
かわで つつみ、むした たべもの。

しゅっぱつ

ある ばしょに むかって、
でていく こと。

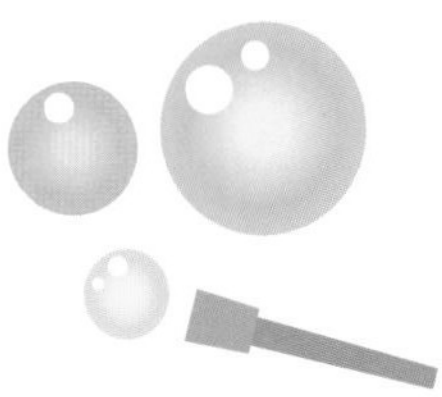

しゃぼんだま

せっけんを とかした みずを ふいて つくる たま。われやすい。

しゃんぷー

かみのけを あらう せんざい。

しゅいろ

すこし きいろが はいった あかい いろ。

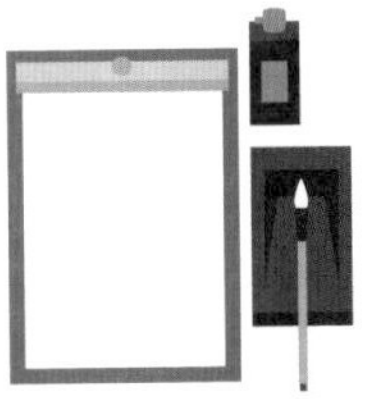

しゅうじ

じの かきかたを ならう こと。

しょうかき

ひを けす どうぐ。いえや たてものに おいてある。

しょくじ

ごはんや おかずを たべ、えいようを とる こと。

しょくどう

しょくじを する へやや みせ。

しょべるかー

つちを ほる しごとを する くるま。

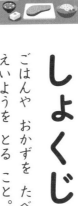

\ ぼうぎょへん /

いくぞ しゃしゅしょ

やゆよで
つなげても
いいけれど、
しゃしゅしょの
ことばで
しりとりの
れんしゅうだ。

かしゅ

うたを うたう ひと。

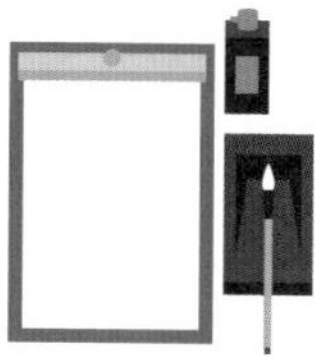

しゅうじ

つめ

ゆびの さきに ある かたい もの。

めいしゃ

めの びょうきを なおす いしゃ。

しゃち

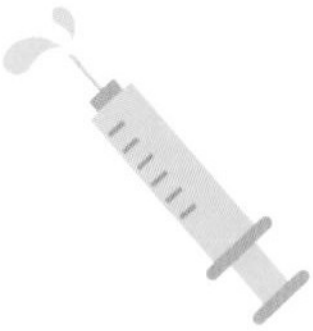

ちゅうしゃ

はりを さし、はりから くすりを からだに いれる こと。

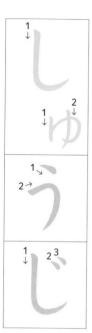

じしょ

ことばを しらべる ときに つかう ほん。

←

しょくどう

←

うんてんしゅ

のりものを うごかす ひと。

←

しゅっぱつ

しゃしん

←

たて

ていしゃ

はしっている のりものを とめる こと

←

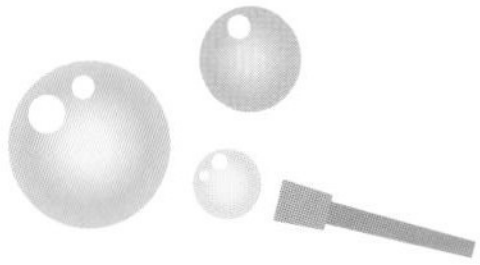

しゃぼんだま

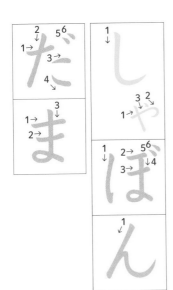

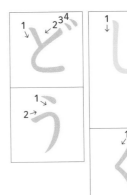

\ ぼうぎょへん /

んで おわりそうなら つなぐ

んで
おわったら
しりとりは　まけ。
どうしよう？
べつの　ことばと
がったい　させる
さくせんだ。

くだものを
じゅーすに

みかん
↓
れもん
↓
めろん
↓

みかんじゅーす

れもんじゅーす

めろんじゅーす

おうちのかたへ

二つ以上の語が合わさってできている「複合語」を示しています。慣れてきたら、「ほん」と「たな」で「ほんだな」、つまり二つ目の語にテンテンがつくことがあることや、（方言によっては）「ほん」と「たな」のようにそれぞれの語を別々に読んだときに比べ、発音（アクセント）が変わることに気づく子もいるかもしれません。

みせにする

ぱん
うどん
らーめん

ぱんや
うどんや
らーめんや

ほんのいろいろ

ほん

ほんだな
ほんや
ほんたて

たな なのに だなに なったよ

ほかにも あるよ

かん
かんきり

にほん
にほんご

たいおん
たいおんけい

\ ぼうぎょへん /

おわらないぞ んのことば

んで おわる
ことばに
なにかを たして
しりとりを
つづけよう。

ほん

んで おわらせ ない！

だ
な

なべ

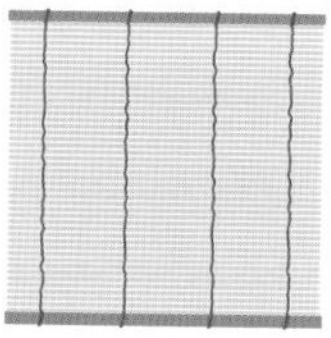

すだれ

ほそい たけを つないで つくる ひよけ。

れもん

んで おわらせ ない！

じゅ
ー
す

するめ

いかを ひらいて ほした もの。

めろん

んで おわらせ ない！

じゅ
ー
す

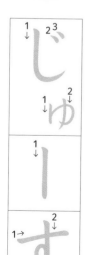

べんとう

←

うどん

んで おわらせ ない！

1→ 2↘ 3↓ や

←

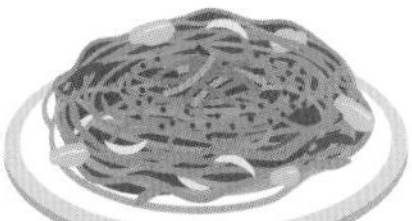

やきそば

めんを にくや やさいと やいた たべもの。

←

ばす

すりっぱ

いえの なかで はく はきもの。

←

ぱん

んで おわらせ ない！

1→ 2↘ 3↓ や

←

やぎ

めえめえと なく どうぶつ。おすは ひげが ある。

←

ぎん

んで おわらせ ない！

1↓ 2↘ い

1→ ろ

ことばとの であいを たのしもう

いろんな　ことばと　であい、
しりとりを　もっと　たのしもう。

しりとりに　もっと　つよく
なるには　どうしたら　いいかな。
まず　こくごじてん（じしょ）が
つよい　みかただ。
しらない　ことばの　いみや、
どんな　おとや　もじで　はじまる
ことばが　おおいか　すくないかも
わかるんだ。おうちに　あれば
ひらいて　みてごらん。
むずかしそうに　みえるだろうけど
しりとりに　つよくなれる、

すごい　ひみつどうぐだ。
それから　どうぶつや　のりものや
はななど　すきなものの　なまえを
だれより　たくさん　おぼえたいなら
ずかんが　いちばんの　みかただ。

ことばを　つなげる　さくせんの
れんしゅうも　たのしいよ。
らーめんは　しりとりでは
まけ　だけど　らーめんらいすに
する　さくせんが　あったね。

もっと　つなげて
らーめんらいすせっと
らーめんらいすせっとわりびき
らーめんらいすせっとわりびきかかく
とか　ことばを　つなげる
さくせんの　めいじんに　なろう。
この　ほんに　でてくる　さくせんの
ほかにも　あたらしい　さくせんを
かんがえて　ほしい。
それが　できたら　さいこうの
しりとりめいじんだ！

こうげきへん さくせん 1

らりるれろ で こうげき

らりるれろで おわる なまえの いきものは、しりとりに つよいぞ。

さる

にんげんに ちかい どうぶつ。
ゆびを じょうずに うごかせる。

ごりら

おおがたの さる。
にんげんに ちかい。

かんがるー

おなかの ぽけっとで こそだて する どうぶつ。
うしろあしで たてる。

あるまじろ

せなかが かたく、てきに あうと まるまって みを まもる どうぶつ。

こうもり

ねずみに にた かおで、つばさを もつ どうぶつ。

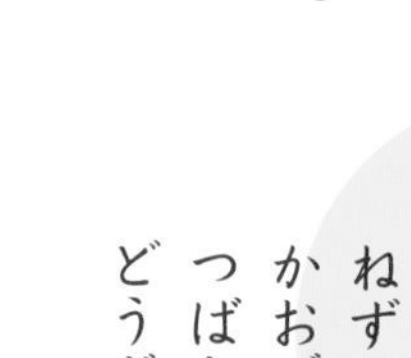

かえる

みずべの いきもの。
めが とびだし、うしろあしで ぴょんと とぶ。

あひる

くちばしが
きいろで、
ひらたい とり。
にんげんに
かわれて いる。

かまきり

ばったに
にていて、
まえあしが
かまのような
こんちゅう。

ごきぶり

だいどころの
すきまが すきな
こんちゅう。
いろは くろ
または ちゃいろ。

かたつむり

りくに すむ
まきがい。
しょっかくの
さきに
めが ある。

つる

ながい くびと
あしを もつ とり。
めでたい とりと
されて いる。

さそり

はさみの
かたちの うでと、
どくの ある
おを もつ
いきもの。

もぐら

つちの なかに
くらす どうぶつ。
めは あるが、
よく みえない。

かぴばら

からだの
おおきな
ねずみの なかま。
およぐのが
とくい。

こうげきへん さくせん2

たして おわりを らりるれろ

らりるれろで おわる
ことばを たすと、
あいてが こたえにくく なる。
すごい さくせんだね。

＋いろにする

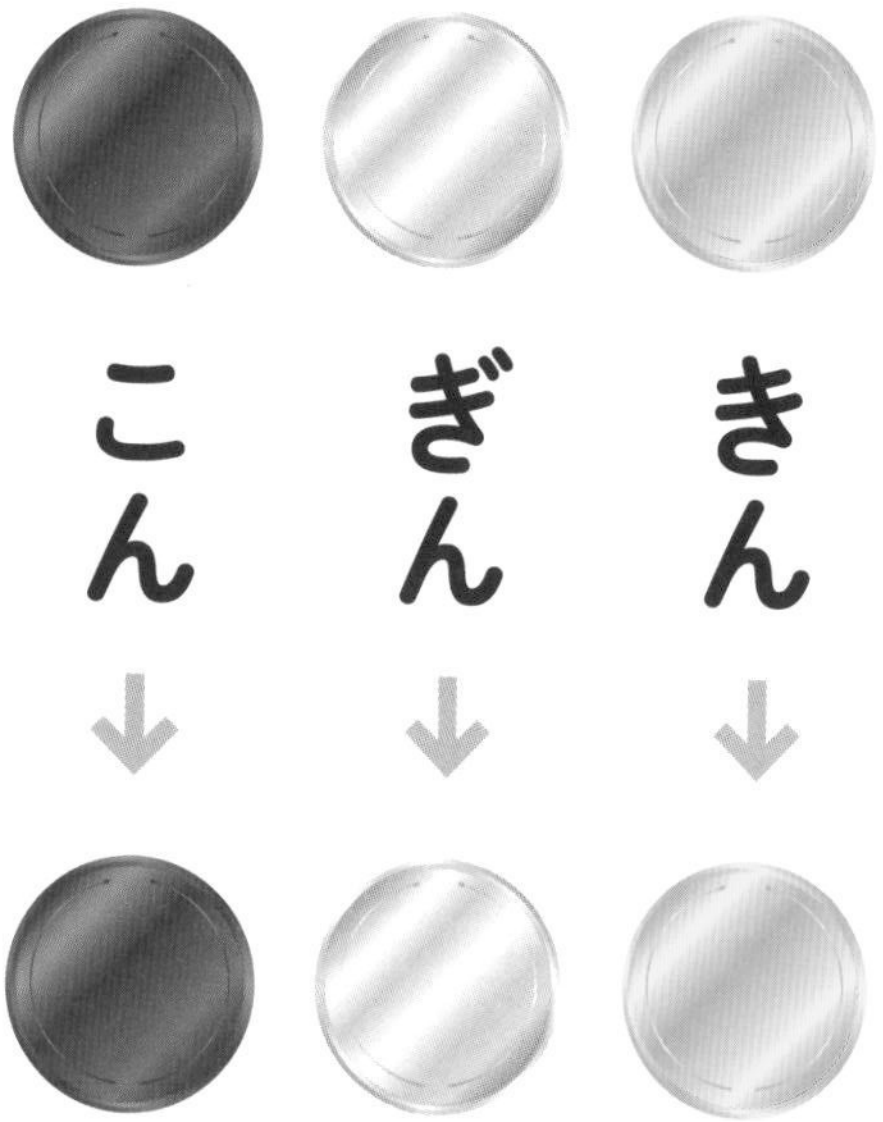

きん → きんいろ
ぎん → ぎんいろ
こん → こんいろ

＋まつり

なつ → なつまつり
あき → あきまつり
ゆき → ゆきまつり

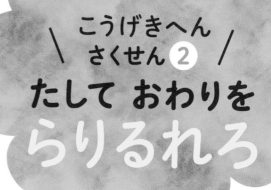

＋めだるにする

きん
↓

きんめだる

ぎん
↓
ぎんめだる

どう
↓
どうめだる

＋かりにする

りんご
↓
りんごがり

みかん
↓
みかんがり

うさぎ
↓
うさぎがり

りにはりでおかえしだ

おうちのかたへ

防御と攻撃を兼ね備えた作戦です！「らりるれろ」で終わる複合語が作れそうな言葉を覚えておきましょう。ただ、なんでも「～祭り」「～狩り」でワンパターンになりすぎてもおもしろくないですし、「同じ言葉を使ってつなげてよいのは一度まで」みたいにルールを話し合うよい機会ですね。

＋つり

うみ
↓
うみづり

ふね
↓
ふなづり

さかな
↓
さかなつり

こうげきへん
さくせん③

おとがひとつのことば

おとが
ひとつだけの
ことばで こたえて
あいてを
おどろかして やろう。

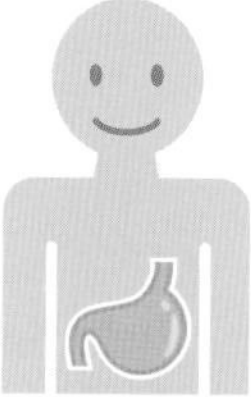

い

おなかの なかで、
たべた ものが さいしょに
たまる ところ。

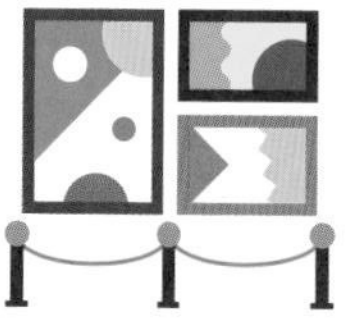

え

みた ものや おもいうかべた ものを
かみや ぬのなどに えがいた もの。

お

しっぽ。どうぶつの
おしりの ほねから
のびている もの。

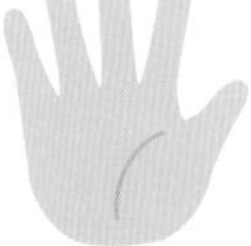

て

うでの さきに ある、
ものを つかめる ところ。

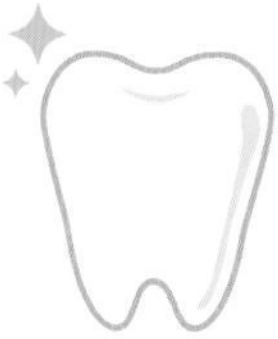

は

たべものを たべるため、
くちの なかに はえる もの。

ひ

ひかり ながら、ものを
もやす もの。
さわると あつい。

相手を困らせるというより驚かせる作戦です。お子さんと一緒に、一文字の言葉をかたっぱしから探してみましょう。意外にたくさんあります。また、辞書で言葉を調べるという作業のきっかけにもぴったりです。「火」「日」、「巣」「酢」など、同音異義語の存在にも気づきやすいですね。

か

ひとや どうぶつの
ちを すう むし。

き

じめんに ねっこを はって
いきている。かたい みきや
えだを もつ。

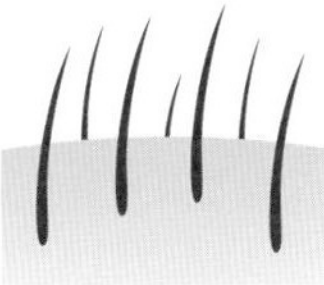

け

いきものの からだに
はえている もの。

こ

おやから うまれた、
ちいさい ひとや いきもの。

ち

からだの なかを ながれ、
えいようを はこぶ もの。

へ

おなら。
おしりの あなから
でる がす。

め

かおに ふたつ ある、
ものを みるための もの。

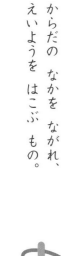

や

はなれた ところに
むけて とばす ぶき。

ゆ

みずを あつくした もの。

わ

ほそながい ものを まげて、
まるくした もの。

こうげきへん さくせん 4

おなじおとでかえす

おなじ　おとで
かえす　やりかたも
いろいろ　あるよ。

まま

おかあさん。

ぱぱ

おとうさん。

はは

おかあさん。

とまと

いろが　あかく、
みずけの　おおい　やさい。
なまでも　たべられる。

やおや

やさいの　みせ。

きてき

ふねや
じょうききかんしゃで
ならされる　ふえ。

おうちのかたへ

前項に同じく「ただ驚かせるだけ」の作戦ですが、「もも」のように同じ音を二つ連ねる語を探す（ついでに三つ以上は？とも考える）、「とまと」のように最初と最後だけ同じ語を探す、などの条件で頭の中を意識的に検索するのは、メタ言語能力における筋トレのようなものです。

ちち

おとうさん。

ささ

たけの なかま。
ぱんだの えさに なる。

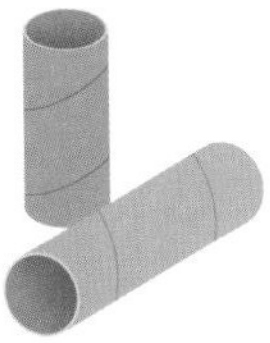

つつ

まるく ほそながくて
なかが からに
なっている もの。

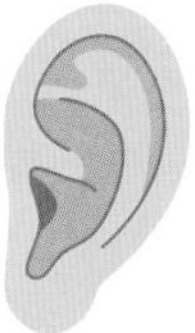

みみ

かおの わきに ある、
おとを きくための もの。

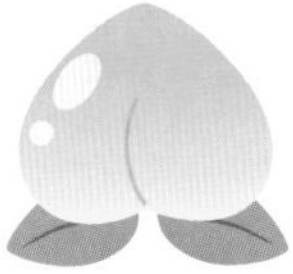

もも

なつの くだもの。
かわの いろは
うすい ぴんく または きいろ。

こねこ

こどもの ねこ。

たはた

たんぼと はたけ。

りょうり

またりで かえすぞ

やさいや にくや さかなを、
おいしく にたり やいたり
あじつけしたりして
たべられるように すること。

とーすと

やいた しょくぱん。

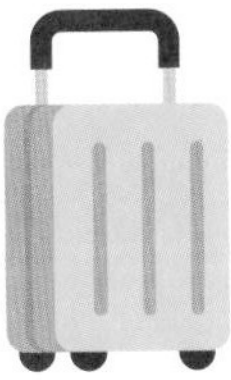

すーつけーす

ながしかくの りょこうかばん。

＼ ちょうせん 1 ／

えを つなごう

かこみの なかの
えを つないで
しりとりを しよう。
どちらの かこみにも
つかわない ことばが
ひとつ はいって いる。

ヒント

「ば」の
ことばから
はじまる

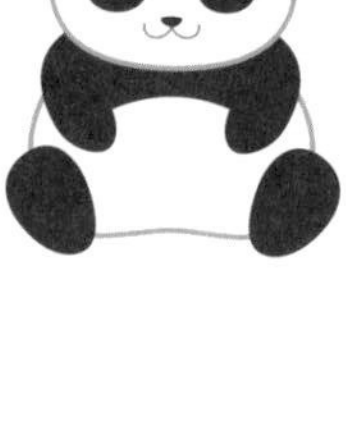

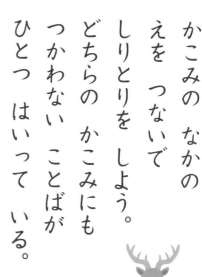

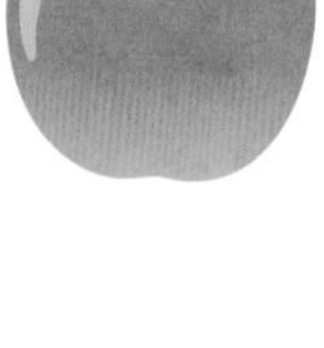

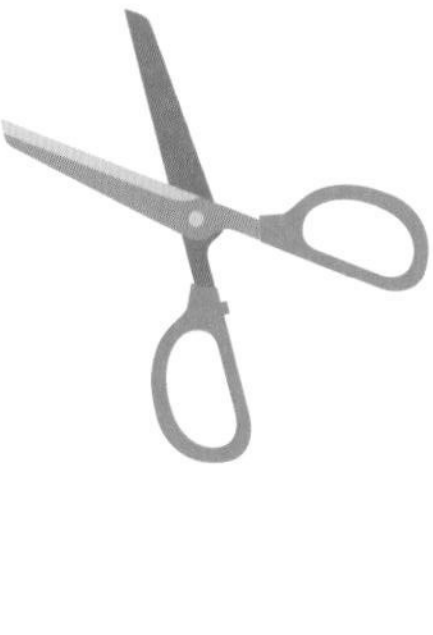

ヒント
たべものの
ことばから
はじまる。

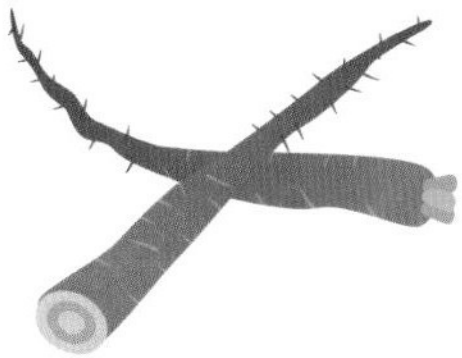

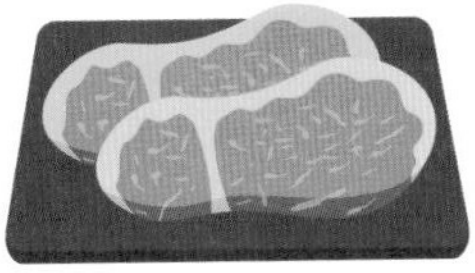

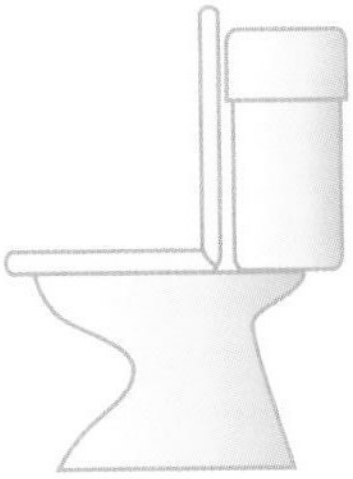

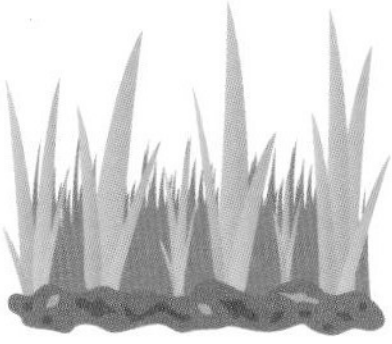

\ ちょうせん 2 /

えを えらんで しりとりを しよう

ヒント

いきもののなまえからはじまる

したのえのことばでしりとりをしよう。あなのあいているところをひらがなでうめ、ことばにしよう。

どんないろかな

か□□ら

らっ□

□□いろ

ろ□

かえ□

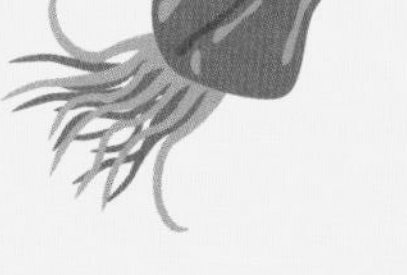

る

る

か

おとが
ひとつの
ことばだよ

また
るだよ

け

つ

る

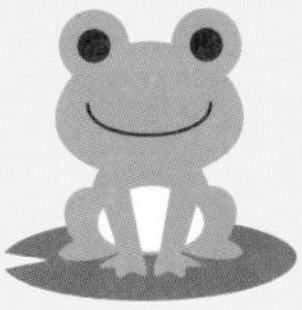

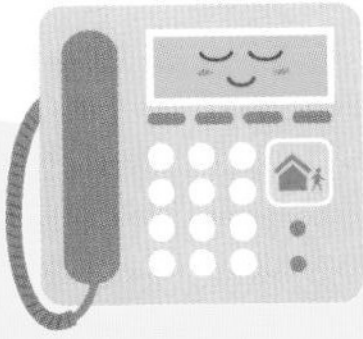
ただいま
るすに
しております。

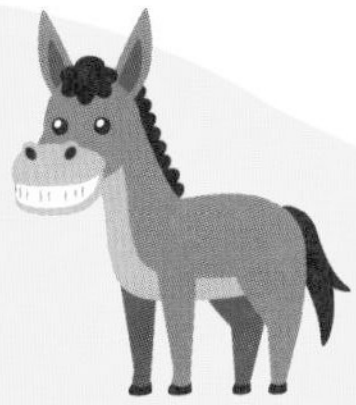

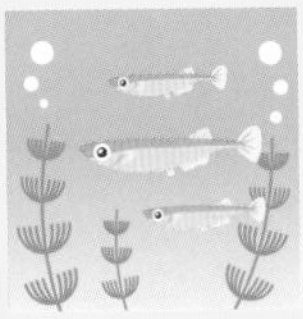

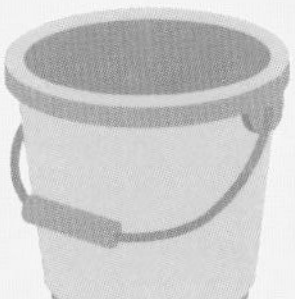

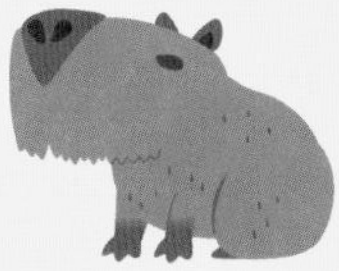

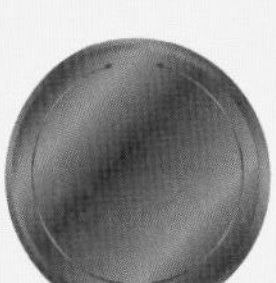

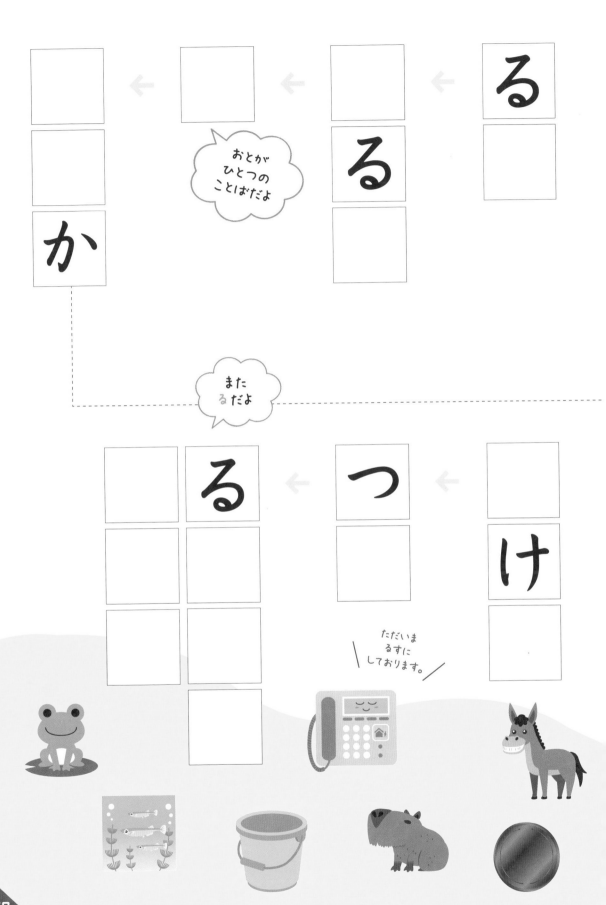

こたえあわせ

17ページの
こたえ

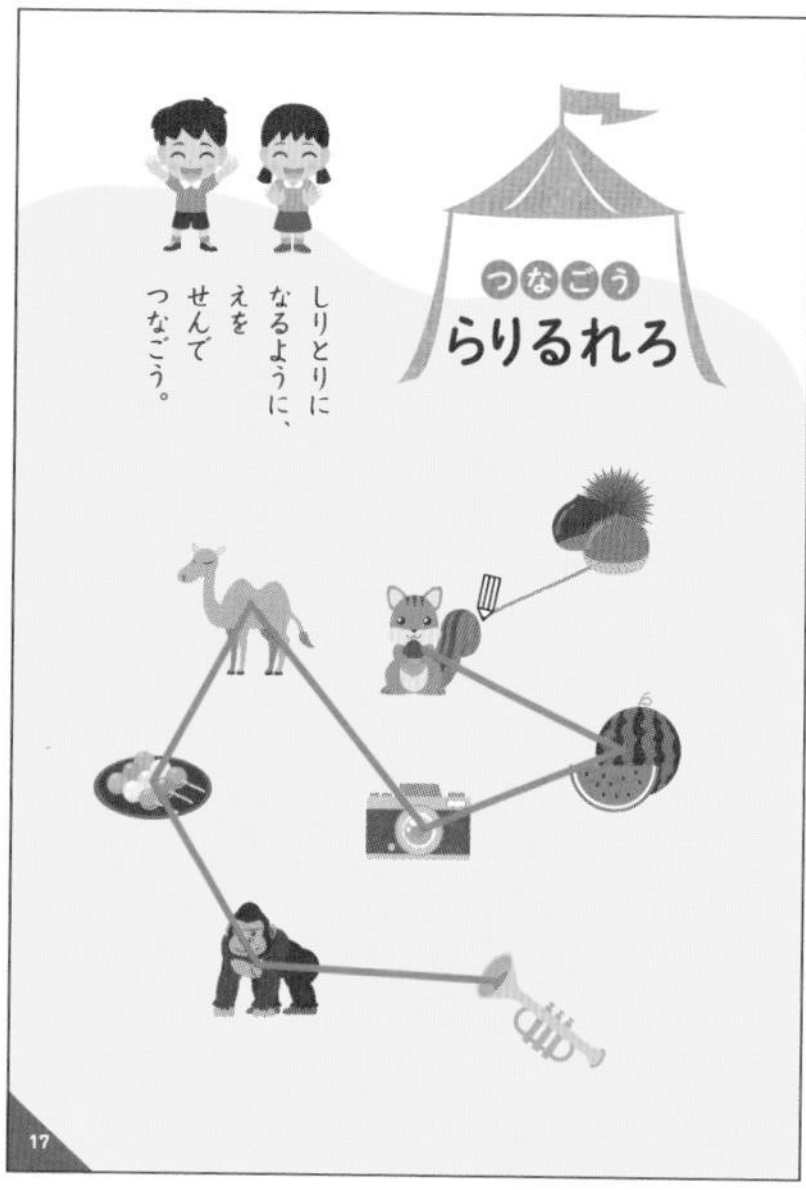

54-55ページの
こたえ

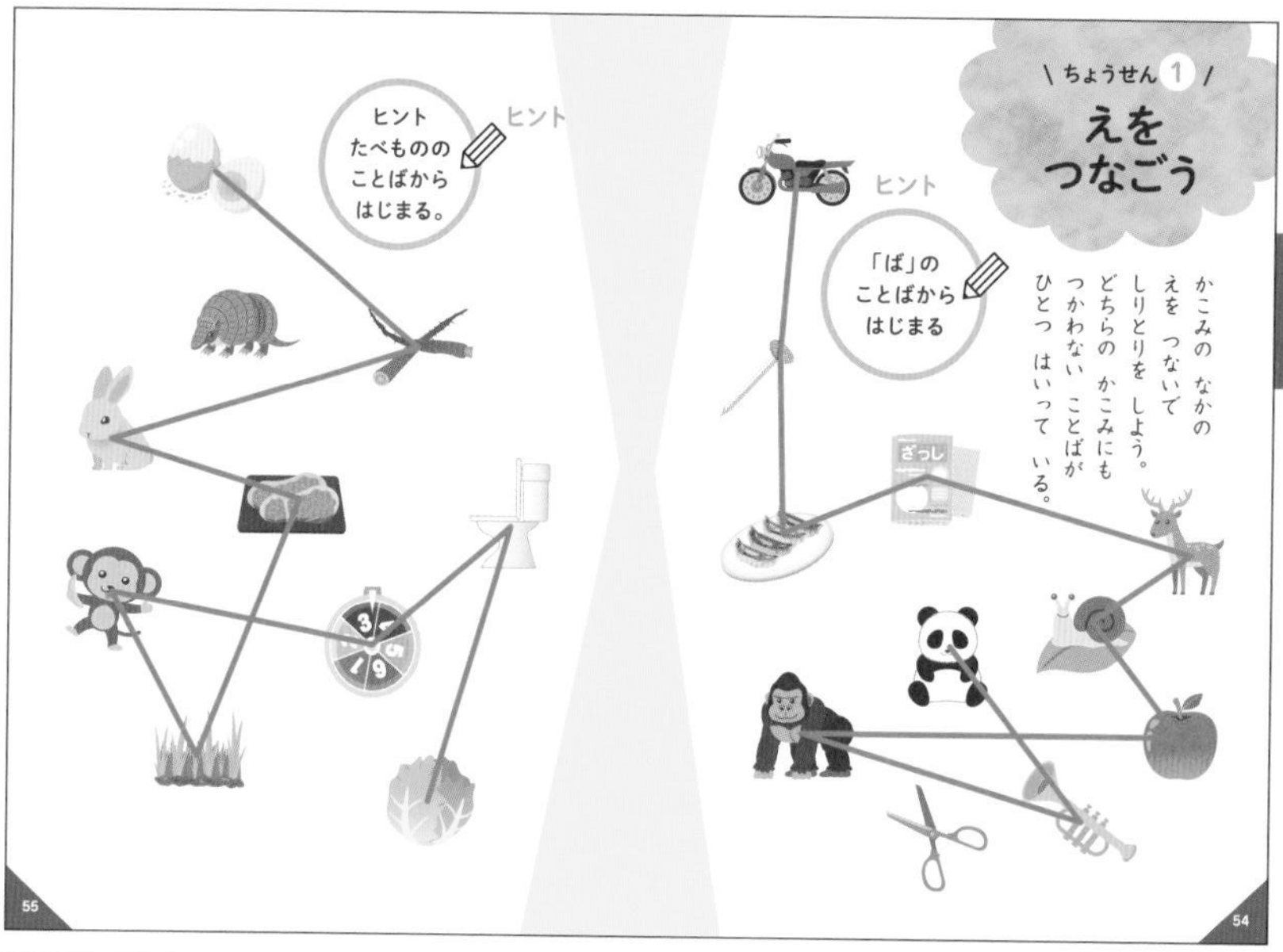

56-57ページの
こたえ

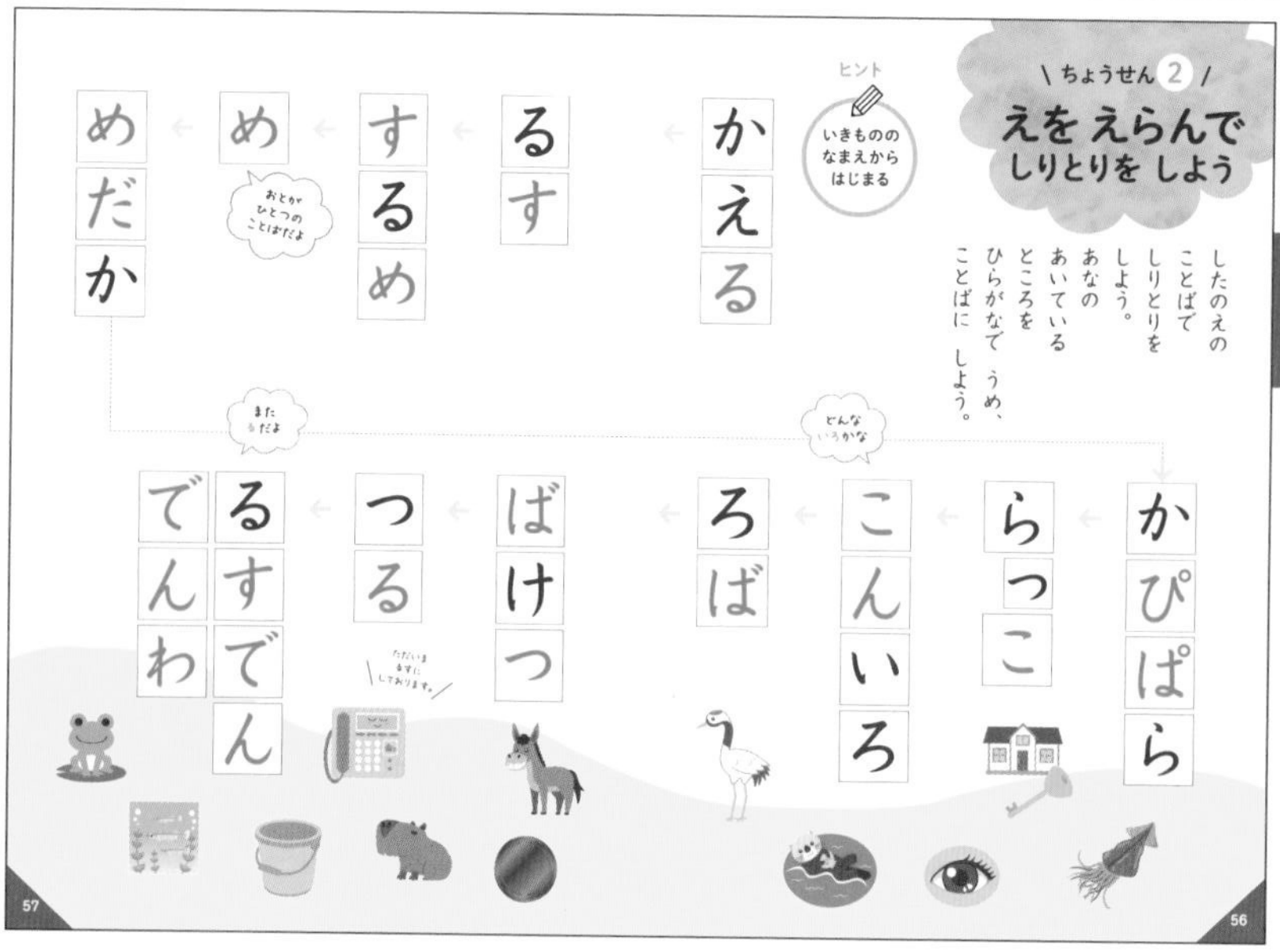

おうちのかたへ

しりとり戦士 進化せよ

しりとり戦士の育成、お疲れ様でした。本書は就学前のお子さんでも楽しめるように、でも小学生のお子さんにとっても、決して物足りなくないように考えてつくりました。

じつは楽しいしりとり修行はまだ続くのです。

子どもたちにはこの先、ぜひとも自分たちの力で「応用編」を考え続けてほしいと思います。

たとえば「ぼうぎょへん」「こうげきへん」をかねそなえた究極の作戦は？

「ら行で攻撃されたときにこそ同じ音でかえす作戦」はどう？

「りょうり」「るーる」などの特別アイテムを増やしておこう！

「れもんさぶれ」「らいぶかめら」など、「ことばをつなぐ」作戦もいっしょに使えば、しりとり界最強の横綱だ！……というかんじに。

そのうちおうちのかたに突然、「利回り」って何？「ろくろ」って何の道具？ とかたずねてきたらしめたもの。「作戦に使うために」知らない言葉を自ら開拓する気持ちがお子さんの中にめばえたなら、こちらの作戦は成功です。

しりとりをきっかけにして言葉の世界に親しんで、やがて純粋に日本語のしくみをもっと知りたくなったり、外国語との違いに関心を持ったりする子どもが増えたらいいなぁ——そんなたくらみがこの本には隠れています。

「ねじる音」「のばす音」「清音（か・さ・た・は など）VS濁音（が・ざ・だ・ば など）」などめんどうな部分もあえて「しりとりの あそびかた」で正面から伝えました。

もし今すぐわからなくても、きっと心のどこかに「言葉の不思議」の種がまかれたはず。

さあ、言葉の世界の探求は始まったばかりだ、進め、しりとり戦士たちよ！

さくいん

さくいんと いうのはね、
このほんに でてくる
すべての ことばを
あいうえおの じゅんに
あつめた ところだよ。
しりとりで ぴんちに
なったときに
ここをみて ことばを
さがしても いいよ。

あいうえお

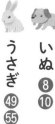

かきくけこ

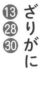

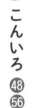

ぐんて 24 27
け 51
けーき 10
げーむ 25 27
げき 25
げんこつ 12
こ 51
こあら 10 19
こうもり 46
ごきぶり 47
こねこ 53
ごぼう 55
ごま 12 25
ごみ 25 26
ごりら 17 19 46 54

こん 48
こんいろ 48 56

さしすせそ

さかな 49
さかなつり 49
ささ 53
さそり 10 47
ざっし 28 54
ざりがに 13 28 30
さる 46 55
さんぽ 22
しか 10 54
じしょ 39
じてんしゃ 13 29 31

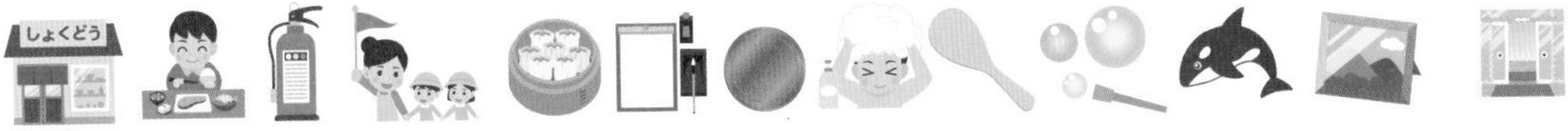

じどうどあ 29 31
しゃしんたて 36 39
しゃち 8 36 38
しゃぼんだま 37 39
しゃもじ 31
しゃんぷー 37
しゅいろ 37
しゅうじ 37 38
しゅうまい 36
しゅっぱつ 36 39
しょうかき 37
しょくじ 37
しょくどう 13 37 39

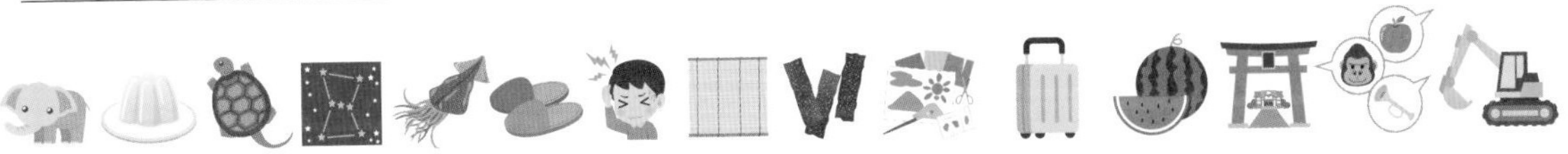

しょべるかー 37
しりとり 18
じんじゃ 29
すいか 10 17
すーつけーす 53
ずこう 13 29 30
すこんぶ 34
すだれ 42
ずつう 28
すりっぱ 43
するめ 42 57
せいざ 10 30
ぜにがめ 28 31
ぜりー 8 13 29
ぞう 13 29 31

ぞうり 29
そば 10
ぞろめ 29

たちつてと

たいおん 41
たいおんけい 41
だいどころ 13 19
だっぴ 23
たはた 53
たび 11 34
だんご 17
ち 51
ちち 52
ちゅうしゃ 8 11 38

つつ 53
つば 35
つめ 11 38
つる 47 57
て 11 50
ていしゃ 39
てんぐ 27
といれ 19 55
どう 49
とうふ 6 11
どうめだる 49
とーすと 53
とさか 22
とまと 52
とらんぷ 23
とんび 35
とんぼ 35

なにぬねの

なつ 48
なつまつり 48
なべ 11 34 42
にじ 11 31
にほん 41
にほんご 41
ぬりえ 11
ねこ 11
のり 11

はひふへほ

は 50
ばいく 32 54
ぱいなっぷる 18
ばけつ 32 35 57
はさみ 11 54
ばす 13 33 35 43
はなぢ 13
はは 52
ぱぱ 52
ぱん 41
ぱんだ 20 23 54
ぱんつ 13 20
ぱんや 41 43
ひ 11 50
ぴあの 13 21
ぴえろ 21 23
びすけっと 13 33 34
びる 33 35
ぷーる 21
ふえ 6 11
ふぐ 27
ぶた 13 33 34
ぷちとまと 13 21 23
ぶどう 32
ふね 49
ふなづり 49
ぷらすちっく 20 23
ぶろっく 32
へ 11 51
べっど 33
ぺっとぼとる 21
ぺんき 13 20 22
べんとう 13 33 34 43
ぼうし 33
ぼーと 13 33 35
ぽけっと 21
ぽすたー 21
ぽすと 13 21 22
ほっぺ 22
ほん 11 41
ほんたて 41
ほんだな 41 42
ほんや 41

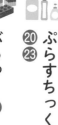

まみむめも

まいご 26
まくら 11
まま 52
みかん 11 40 49
みかんがり 49
みかんじゅーす 40
みぞ 30
みみ 53
みやげ 27
むぎ 11 27
め 51 57
めいしゃ 38
めだか 11 31 57
めろん 40
めろんじゅーす 40 42
もぐら 47
もも 11 53

やゆよ

や 51
やおや 52
やぎ 43
やきそば 8 12 43
ゆ 12 51
ゆき 48
ゆきまつり 48
ゆでたまご 13 55
よこづな 13
よっと 6 12

らりるれろ

らーめん 41
らーめんや 41
らくだ 14 17 18
らじお 14
らっこ 15 19 56
らっぱ 12 15 17 19 54
りく 15
りす 8 15 17
りゅうぐうじょう 12
りょうて 14
りょうり 53
りんご 12 14 18 49 54
りんごがり 49
るーれっと 12 15 55
るす 15 57
るすばんでんわ 15 18 57
るびー 15
れい 16
れいぞうこ 16 19
れたす 16 55
れもん 12 40
れもんじゅーす 40 42
れんらくちょう 16
ろうか 16
ろうそく 12 16
ろば 16 56
ろぼっと 16 19

わをん

わ 51
わら 12 18

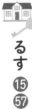

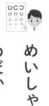

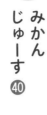

監修　**広瀬 友紀**（ひろせ・ゆき）

東京大学総合文化研究科教授。専門は心理言語学、特に人間が言語をリアルタイムに処理・理解するしくみを探る研究。最近は子どもの母語・外国語獲得および処理も研究対象。子どもたちへの言葉の教育にも興味を広げており、しりとりには高い関心を寄せている。著書に『ちいさい言語学者の冒険：子どもに学ぶことばの秘密』（岩波書店）がある。

ことばと ともだちに なる しりとり きょうしつ

2020年3月2日初版第1刷発行

監修　広瀬友紀
編集　小学館国語辞典編集部
発行人　金川浩
発行所　株式会社　小学館
〒101-8001 東京都千代田区一ツ橋 2-3-1
電話　編集 03-3230-5170
販売 03-5281-3555
印刷所　図書印刷株式会社
製本所　株式会社　若林製本工場

ISBN978-4-09-254109-2